Mashkikiiwininiwag miinawaa Mashkikiiwikweg

Percy Leed

**Gaa-anishinaabewisidood
Chato Ombishkebines Gonzalez**

Lerner Publications ◆ Gakaabikaang

Ininiwag miinawaa Ikwewag

Gaawiin izhisijigaadesinoon ojibwemowin ezhisijigaadeg zhaaganaashiimowin. Mii iko aabajichigaadeg inini eshkwesing da-dazhinjigaazod a'aw dinowa enanokiid, aanawi go inini gemaa gaye ikwe aawi. Gaawiin nawaj apiitendaagozisiin a'aw inini apiish a'aw ikwe anishinaabewiyang.

Ezhisijigaadeg yo'ow Mazina'igan

Mashkikiiwininiwag

Onaadamawaawaan bemaadizinijin da-minomanji'onid aakozinid awiya gemaa gaye wiisagendaminid awiya.

Wiidanokiindiwag ingiw mashkikiiwininiwag miinawaa mashkikiiwikweg da-naadamawaawaad bemaadizinijin.

Niibowa dinowa mashkikiiwininiwag ayaawag. Aanind onaadamawaan iniw ikwewan noomaya gaa-ondaadiziikenijin.

Aanind onaadamawaan awiya gegoo izhiwebizinid iniw okanini.

Aaningodinong obiizikaanaawaa gibidoonejaanepizon. Onaadamaagon awiya i'iw baazikang da-aakoziishkaagosig gegoo.

Aaniin akeyaa ezhi-naadamaagod awiya baazikang i'iw gibidoonejaanepizon?

Waabishki'owag ingiw mashkikiiwininiwag. Mii iw waabanda'iwewaad mashkikiiwininiiwiwaad.

Anooj aabajichiganan odaabajitoonaawaan ingiw mashkikiiwininiwag. Mii yo'ow ayaabajitood da-nandotamawaad izhiwebizinid awiya biinjina.

nandotamochigan

Wegonen gaye ayaabajitoowaad ingiw mashkikiiwininiwag?

Ogaganoonaawaan bemaadizinijin. Gagwedwewag.

Onaanaagadawendaanaawaa ge-naadamaagopan awiya.

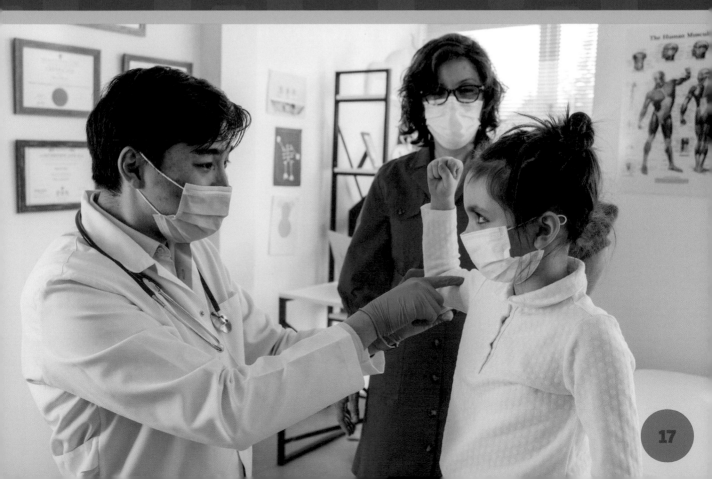

17

Ginwenzh gikinoo'amaagoziwag ingiw mashkikiiwininiwag.

Aaniish wenji-gikinoo'amaagoziwaad
ingiw mashkikiiwininiwag?

Aanoodiziwag ingiw mashkikiiwininiwag da-naadamawaawaad awiya minomanji'osinig!

Gikendaasowinan!

Aaniish wenji-minwenimadwaa ingiw mashkikiiwininiwag?

Aaniin akeyaa gaa-izhi-naadamook mashkikiiwinini?

Giwii-mashkikiiwininiiw ina gichi-aya'aawiyan?

Ezhi-wiiji'iweyang miinawaa Enamanji'oyang

Apiitendaagwadini awiya i'iw akeyaa ezhi-gikinoo'amaagozid da-apiitenindizod maadagindaasod. Gagwejim egindaasod enendang:

Awegonen gaa-maamawi-minwendaman gii-agindaman yo'ow mazina'igan?

Awegonesh gekendaman azhigwa gaa-agindaman yo'ow mazina'igan?

Gimikwenimaa ina awiya nayaadamaaged megwaa agindaman yo'ow mazina'igan?

Mazinaakizonan

gibidoonejaanepizon

mashkikiiwinini

nandotamochigan

waabishki'o

Agindan onow

Bender, Douglas. *Doctor*. New York: Crabtree Publishing, 2022.

Boothroyd, Jennifer. *All about Doctors*. Minneapolis: Lerner Publications, 2021.

Waxman, Laura Hamilton. *Doctor Tools*. Minneapolis: Lerner Publications, 2020.

Ikidowinan

Mazinaakizonan Gaa-ondinigaadeg

Anishinaabewisijigaade: ezhi-dibendaagwak © 2025 by Lerner Publishing Group, Inc.
Doctors: A First Look izhi-wiinde
Ozhibii'igan: ezhi-dibendaagwak 2025 by Lerner Publishing Group, Inc.
Ogii-anishinaabewisidoon a'aw Chato Ombishkebines Gonzalez

Odibendaan Lerner Publications, Lerner Publishing Group, Inc.
241 First Avenue North
Gakaabikaang 55401 USA

Nanda-mikan nawaj mazina'iganan imaa www.lernerbooks.com.

Mikado a Medium izhinikaade yo'ow dinowa ezhibii'igaadeg.
Hannes von Doehren ogii-michi-giizhitoon yo'ow dinowa ezhibii'igaadeg.

ISBN 979-8-7656-4957-2 (PB)

Library of Congress Cataloging-in-Publication Data

The Cataloging-in-Publication Data for the English version of *Doctors: A First Look* is on file at the Library of Congress

ISBN 979-8-7656-2640-5 (lib. bdg.)
ISBN 979-8-7656-3676-3 (epub)

Nanda-mikan yo'ow mazina'igan imaa https://lccn.loc.gov/2023031821
Nanda-mikan yo'ow waasamoo-mazina'igan imaa https://lccn.loc.gov/2023031822

Gii-ozhichigaade Gichi-mookomaan-akiing
1-1010591-53598-4/4/2024